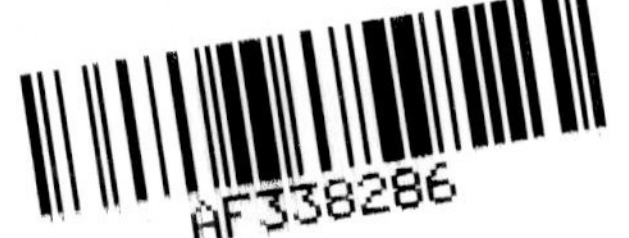

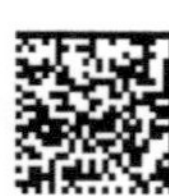

www.ingramcontent.com/pod-product-compliance
Lightning Source LLC
Chambersburg PA
CBHW042058030726
47602CB00004B/62

* 9 7 8 1 9 1 2 8 1 7 4 9 8 *